BEI GRIN MACHT SICH IHR WISSEN BEZAHLT

Facility Management. Nutzungskostenoptimierung als Aufgabe des Facility-Managements

Bibliografische Information der Deutschen Nationalbibliothek:

Die Deutsche Nationalbibliothek verzeichnet diese Publikation in der Deutschen Nationalbibliografie; detaillierte bibliografische Daten sind im Internet über http://dnb.d-nb.de abrufbar.

ISBN: 9783389013205
Dieses Buch ist auch als E-Book erhältlich.

© GRIN Publishing GmbH
Trappentreustraße 1
80339 München

Druck und Bindung: Books on Demand GmbH, Norderstedt Germany
Gedruckt auf säurefreiem Papier aus verantwortungsvollen Quellen

Das Buch bei GRIN: https://www.grin.com/document/1466227

University of Applied Sciences Mittweida
Computational Intelligence Group
Technikumplatz 17
09648 Mittweida / Germany

Facility Management: Nutzungskostenoptimierung als Aufgabe des Facility-Managements

Am Beispiel von Schulen des Landkreises X

Inhalt

1   Einleitung

1.1   Problemstellung

Es besteht ein scheinbar unüberwindbarer Interessenkonflikt, welcher in dem immer größer werdenden Ansprüchen der Einwohner/innen nach qualitativ hochwertiger „Dienst" - Leistung an den Einwohnern und der Einnahmenreduzierung bzw. dem Einnahmenwegfall sowie der Verlagerung von öffentlichen Lasten des Bundes auf die Länder und Kommunen beruht.

Zu den Ansprüchen der Einwohner/innen und Nutzer hinsichtlich des Gebäudemanagements im öffentlichen Sektor zählen unter anderem die Sicherheit der Gebäude, die Ausstattung und die zentrale Lage der Liegenschaften.

Die finanzielle Lage der Kommunen stellt sich wiederum in einem sehr angespannten finanziellen Verhältnis bei Einnahmen und Ausgaben dar. Zum Defizit führt beispielsweise die Einnahmenreduzierung bei konjunkturell bedingten Eintrübungen der Wirtschaft, was wiederum schwindende Einnahmen wie z.B. der Gewerbesteuer zur Folge hat. Dabei werden die Steuern der Kommunen über eine Kreisumlage prozentual an den Landkreis abgeführt. Daher sind bei Konjunktureintrübungen vielschichtig sinkende Einnahmen zu erwarten. Erschwerend können auch Naturkatastrophen oder wie aktuell Pandemien, die Einnahmen weiter mindern.

Zum anderen führen notwendige Änderungen in der Infrastruktur zur weiteren Erhöhung der Ausgaben bei den Kommunen. Wie z.B. für das Gestalten bei der Infrastruktur neuer Parkplätze zum E-Laden, Dienstleistungen bei den Schwimmbädern oder Kindertageseinrichtungen sowie notwendige Sanierung bzw. Erneuerung von Gebäudeausstattungen nach heutigem Stand der Technik.

Das Schaffen von technischen Neuerungen ist einerseits notwendig zur Attraktivitätssteigerung und andererseits aufgrund sich ändernder gesetzlicher Vorschriften erforderlich. Diese neuen Investitionen kommen zu den noch nicht amortisierten Investitionskosten aus der Vergangenheit hinzu.

So legt der Haushaltsplan des Landkreises ▆▆▆▆ für das Jahr 2019 dar, dass in 2017 ein vorläufiger Ertrag aus der Kreisumlage in Höhe von 69 Millionen Euro zu verzeichnen ist. In 2020 wird eine Umlage von 75.938.300€ erwartet. Der Ansatz für 2021 beträgt eine Kreisumlage Höhe von 76.290.900,00€. Diese Prognose muss allerdings aufgrund der aktuellen Corona-Pandemie wieder nach unten revidiert werden, da mit einem konjunkturellen Einnahmeausfall bei der Gewerbesteuer zu rechnen ist und damit einer geringeren Kreisumlage, welche sich wiederum aus den Einnahmen wie der Gewerbesteuer bildet.

Ein weiterer Grund für die Verschuldung sind die hohen Sozialausgaben, welche als öffentliche Last des Bundes auf die Kommunen übertragen werden. Dazu zählen im Landkreis ██████ die Asylkosten sowie die Kosten der Unterkunft im Rahmen der SGB II - Grundsicherung.

Um diesen Interessenkonflikt zu entspannen, müssen Organisationsabläufe effektiver gestaltet werden. Dadurch werden Kostenreduzierungspotenziale freigesetzt. Ein besonderes Augenmerk muss hierbei auf die kommunalen Gebäude gelegt werden. Das umfangreiche Immobilienvermögen verursacht sehr hohe Kosten. Neben den Personalausgaben, welche im öffentlichen Sektor sehr hoch veranlagt sind, ist es der zweit größte Kostenblock.

Dieser Tatsache wurde in der Vergangenheit nicht genügend Aufmerksamkeit gewidmet. Somit wurde nach einem Krisenmanagement statt einem Ergebnismanagement verfahren.

1.2   Abgrenzung und Zielsetzung

Die Möglichkeit der Entspannung des oben dargestellten Konflikts soll dies Ausarbeitung mithilfe des Facility Managements belegen. Hierbei wird im zweiten Teil der Belegarbeit der theoretische Ansatz aufgezeigt und erläutert werden. Der dritte Teil beschreibt innerhalb der praktischen Umsetzung ein Modell zur Nutzenkostenoptimierung von Schulen und belegt dieses. Hiermit kann vor allem ein Instrument für zukünftige Optimierungsüberlegungen geschaffen werden. Die Nutzungskosten von Schulen bilden den größten Kostenblock innerhalb der kommunalen Gebäudebewirtschaftung. Mit einer ABC-Analyse können die wichtigsten Optimierungsbereiche aufgezeigt werden.

Durch die vielfach verteilten Verantwortungs- und Aufgabenbereiche innerhalb des Landkreises ▮▮▮▮▮war es sehr schwierig, geeignete Daten zu erhalten. Eine übergeordnete Organisation und Struktur ist nicht erkennbar. Die Datenverfügbarkeit ist selbst innerhalb der Fachbereiche sehr unterschiedlich.

Der Ergebnisdruck auf die verschiedenen Fachbereiche steigt ständig. Ständig müssen Funktionen und Prozesse optimiert werden. Werden alle Sachressourcen effizient genutzt, ergeben sich enorme Einsparpotenziale. Genau das soll durch implementiertes Facility Management im Unternehmen aufgezeigt werden. Diese Nutzungspotenziale aufzuzeigen und für alle zugänglich zu machen leistet ein ganzheitlichen Ansatz von Facility Management. Nutzungspotenziale liegen in der betriebswirtschaftlichen und technischen Fachbereichen des Landkreises sowie in den hohen gebundenen Sachinvestitionen innerhalb der Gebäude. Es darf bei dem Facility Management nicht übersehen werden, dass die wesentlichen Effekte aus der ganzheitlichen Betrachtung des gesamten Lebenszyklusses resultieren. Optimierungsansätze ergeben sich schon bei der Planung und enden beim „Verwerten" (Abriss) der Gebäude. Die Gesamtkosten innerhalb des Lebenszyklusses eines Gebäudes verteilen sich auf 5 bis 15% während der Bauphase, die restlichen 85% bis 95% verteilen sich auf die Nutzungsphase. Das Hauptziel muss es sein die kostenoptimale Bewirtschaftung aller Sachresourcen im Unternehmen zu erzielen.

2 Theoretischer Ansatz

2.1 Begriffsdefinition

Der Begriff Facility Management hat in den letzten Jahren immer mehr an Bedeutung gewonnen. Dennoch ist eine genaue und abschließende Definierung des Begriffs schwierig.

Unter Facilities versteht man Anlagen, alle Einrichtungen, Grundstücke, Gebäude, Maschinen, Versorgungseinrichtungen und Installationen, die für die Produktion oder die Erstellung von Leistungen und die Sicherstellung aller Prozesse innerhalb von Liegenschaften erforderlich sind. [1]

Management bedeutet hier die Verwaltung, Leitung, Geschäftsführung. Das Management ist der ganzheitliche Ansatz für die Planung, dem Bau, den Betrieb, die Kontrolle und die Prozesssicherstellung sowie auch deren ständige Optimierung.

Beides zusammen, Facility und Management bezeichnen die Bewirtschaftung und Verwaltung von Gebäuden, Anlagen und Einrichtungen. Facility Management umfasst die professionelle Abwicklung von Sekundärprozessen, also Prozesse, die nicht in das Kerngeschäft einer Organisation fallen, sondern diese unterstützen.

Facility Management kann nicht mit dem Gebäudemanagement gleich gestellt werden. Das Gebäudemanagement ist nur ein Teil des Facility Managements, da das Facility Management die Sachressourcen ganzheitlich betrachtet. Nach DIN EN15221-1 ist das „Facility Management, ein integrierter Prozess zur Unterstützung und Verbesserung der Effektivität der Haupttätigkeiten eines Unternehmens durch das Management und die Erbringung der vereinbarten Dienstleistungen zur Schaffung des für das Erreichen der wechselnden Unternehmensziele erforderlichen Umfeldes." [2]

Facility Management ist ein Managementkonzept, welches sich auf Ganzheitlichkeit, Transparenz und Lebenszyklus stützt.

Im Facility Management geht es um Koordination des physischen Arbeitsumfeldes mit den arbeitsausführenden Menschen und den Arbeitsmethoden. Es gilt für alle Betriebsmittel, welche für die Leistungserstellung innerhalb des Unternehmens notwendig sind.

Das wichtigste Kapital eines Unternehmens sind die darin arbeitenden Menschen. Hauptaufgabe des Facility Management ist es, alle Sachmittel die am Arbeitsplatz benötigt werden, zur Verfügung zu stellen, damit die arbeitenden Menschen ihre Kernaufgaben effektiv erfüllen können. Dies Tätigkeiten werden, wie bereits oben beschrieben, Sekundärprozesse genannt.

2.2 Facility Management als ganzheitlicher Ansatz

Facility Management ist ein ganzheitlicher, strategischer und lebenzyklusbezogener Managementansatz, um Gebäude, ihre Systeme, Prozesse und Inhalte kontinuierlich bereitzustellen, funktionsfähig zu halten und an die wechselnden Bedürfnisse anzupassen.

Aufgrund des Kostendrucks auf die Unternehmen, sind diese dazu veranlasst, stetig ihre Verbesserungs- und Kostensenkungspotenziale zu ermitteln und diese auch nachhaltig umzusetzen.

Der Facility Manager optimiert den Betrieb, die Wirtschaftlichkeit, die Nutzung, die Vermarktung und die Werterhaltung der gesamten Liegenschaften und Einrichtungen einschließlich aller hierfür notwendigen Prozesse und erreicht eine ganzheitliche und umfassende Immobilien-, Einrichtungs- und Infrastruktur -erstellung, -bereitstellung und -bewirtschaftung mit der Zielsetzung einer langfristigen Ertragssteigerung, Qualitätssicherung und Werterhaltung für Besitzer, Nutzer und Kunden.

Der Ursprung des Ansatzes des Facility Management liegt Mitte der 70'er Jahre. Zu dieser Zeit kamen Büromöbelhersteller in den USA unter enormen Wettbewerbsdruck. Aus diesen Grund wurden erstmals die Einflüsse von Gebäuden sowie der räumlichen Ausstattung und Einrichtung auf die Erreichung der Unternehmensziele diskutiert. Daraufhin wurden Strategien zur Verdeutlichung der Zusammenhänge zwischen Facilities und der Produktivität der Arbeitenden ermittelt. Im Ergebnis wurde in Michigan das „Facility Management Instituts" (FMI) gegründet, der Vorläufer der späteren IFMA (International Facility Management Assoziation). Hier stellte Spezialisten aus unterschiedlichsten Fachrichtungen Untersuchungen an, mit dem Ziel, der Produktivitätsverbesserung durch ein übergeordnetes Management der verschiedensten Fachabteilungen. Es stellte sich schnell heraus, dass innerhalb der Facilities die Gebäude und Grundstücke eine große Bedeutung haben. Laut IMFA, sind zwischen 10% und 20% der jährlichen Aufwendungen aus der Gewinn und Verlustrechnung mit Gebäuden verbunden. Bedeutend dabei ist der Anteil in der Bilanz. Dort sind 25% bis 50% der gesamten Aktiva mit Grundstücken und Gebäuden verknüpft. Die größten Einzelposten im Jahresbericht eines großen Unternehmens sind Grundstücke, Gebäude, Ausstattungen und Maschinen. [3]

Mittlerweile stößt man hier an die Grenzen der klassischen Rationalisierungsmaßnahmen. Die Kerngeschäftsfelder sind reorganisiert und versprechen keinen nennenswerten weiteren Effizienzsteigerungen oder Einsparungsmöglichkeiten. Aufgrund der Dringlichkeit zur Prozessoptimierung sind die Facilities immer mehr in den Vordergrund gerückt.

Die Kenntnis über den aktuellen Marktwert der Sachanlage als strategische Ressource ist nicht zuletzt auch zur Erhaltung und Steigerung der Wettbewerbsfähigkeit bei Firmenübernahmen wichtig.

Folgende Herausforderung an das Facility Management sind zu berücksichtigen:

- Gewährleistung von Gesundheit und Sicherheit der Mitarbeiter,

- viel stärkere Kundenorientierung (auch innerhalb der Unternehmen)

- höhere Anforderungen an Motivation, Effizienz und Flexibilität der Mitarbeiter bei reduzierten Kapazitäten,

- strengere gesetzliche Auflagen,

- hohe Immobilienkosten für Planung, Verwaltung und Bewirtschaftung,

- drastischer Kostendruck und Sanierungsstau,

- häufige Nutzungsänderungen von Gebäuden,

- Komplexität von Gebäuden und technischen Einrichtungen,

- starke Abhängigkeit von Gebäude- und Informationstechnik,

- Konzentration auf das Kerngeschäft und Outsourcing,

Das oberste Ziel des Facility Management ist hierbei eine kostenoptimale Bewirtschaftung aller Sachresourcen im Unternehmen zu erzielen.

Quantifizierbare Nutzenpotenziale beziehen sich meist auf Flächen-, Zeit- und Kostenoptimierung oder auch Energie- sowie Wartungsoptimierung.

Nichtquantifizierbare Nutzenpotenziale, die keiner direkten Kosteneinsparung zugeordnet sind, aber dennoch effizient sind, sind unter anderem Lebenslaufbetrachtung, optimierte Ersatzteilbeschaffung oder Kosteneinsparungen durch frühzeitiges Reagieren auf Engpässe bei Personal, Material und Kapital.

Um hier den oben genannten Nutzenpotenzialen gerecht zu werden, müssen die einzelnen Bereiche ganzheitlich betrachtet werden. Die gelingt durch den beschriebenen ganzheitlichen Ansatz des Facility Management. Die unternehmensinternen Zuständigkeiten bei der Bewirtschaftung der Sachresourcen sind komplex. Zu nennen sind hier unter anderen die Anlagenbuchhaltung, die Arbeitssicherheit, der Brandschutz und das Controlling. Das Facility Management umfasst den gesamten Lebenszyklus eines Gebäudes. In der Praxis sind die Bauphase und die Bewirtschaftungsphase fast vollständig voneinander getrennt. Somit findet eine umfassende Berücksichtigung der Folgekosten häufig nicht statt. Dadurch entsteht ein bedeutender volkswirtschaftlicher Schaden.

Nicht die Entstehungskosten eines Gebäudes, sondern die Kosten während der Benutzung sind von entscheidender Bedeutung.

Beim Lebenszyklus komplexer Gebäude von etwa 30 bis 50 Jahren entfallen nicht einmal 5 bis 10% der Gesamtkosten auf die Erstellungsphase. Bis zu 95% der Lebenszykluskosten entstehen nach der Inbetriebnahme. Ein Großteil dieser Folgekosten (50-80%) werden bereits in der Entwurfs- und Planungsphase für ein Bauwerk „Zementiert" wodurch mindestens 30 bis 50% eines möglichen Optimierungspotenzials unwiderruflich verloren gehen. Dennoch wird den Nutzungskosten vor Baubeginn zu wenig Aufmerksamkeit geschenkt.

Hier liegt der Ansatzpunkt für ein ganzheitliches Lebenszyklusintegrierendes Facility Management Konzept. Würden das Konzept in der Planungsphase berücksichtigt werden, könnten spätere Bewirtschaftungskosten maßgeblich gesenkt werden, ohne Abstriche bei Qualität und Zielsetzung der Gebäudenutzung zu machen.

Folgendes Beispiel soll diesen Zusammenhang zwischen Investitionskosten und Baufolgekosten, die sogenannten Nutzungskosten, verdeutlichen. Werden die Investitionskosten eines Gebäudes von beispielsweise 100 Mio € um 5% reduziert, so würden 5 Mio € eingespart werden.

Würden die Nutzungskosten desselben Gebäudes um 5% verringert, so ergeben sich bei einem Lebenszyklus von 30 Jahren eine Reduzierung von 272 Mio € der Lebenszykluskosten. Bei 50 Jahren sind es sogar 673 Mio €.

Herleitung zur Berechnung der reduzierten Lebenszykluskosten:

- 50 Jahre Lebensdauer

- 15% der Herstellungskosten werden als Bewirtschaftungskosten angenommen

- 100 Mio Investitionskosten

- Preissteigerungsrate 2% p.a.

1. Berechnung der Bewirtschaftungskosten
   15% von 100 Mio * 50 Jahre = <u>750 Mio</u>

2. Berechnung der Lebenszykluskosten

$$K_n = K_0(1 + \frac{p}{100})^n$$

K_n = Endkapital nach n Jahren
K_0 = Anfangskapital
n = Anzahl der Jahre
p = jährl. Preissteigerung in %

K_n= 750 Mio * $(1{,}02)^{50}$

K_n = 2.019.000.000 + 100 Mio (Investitionskosten)

$\underline{K_n = 2.119.000.000}$

3. Nach 50 Jahren entfallen nur 5% der Lebenszykluskosten auf die Baukosten.

$$p = \frac{W}{G} * 100$$

p = Prozentsatz
W = Prozentwert
G = Grundwert

p = 100 Mio / 2.119.000.000 * 100

$\underline{p = \sim 5\%}$

4. Folge einer 5% Senkung der Nutzungskosten auf die Lebenszykluskosten bei einer Betrachtungszeit von 50 Jahren.

   5% Senkung der Bewirtschaftungskosten von 750 Mio = <u>500 Mio</u>

   ⇨   daraus ergeben Lebenszykluskosten von <u>1.446.000.000</u>

   ⇨   damit wurden die Lebenszykluskosten um <u>673 Mio</u> gesenkt.

Daraus ergibt sich die Erkenntnis, dass in der Planungsphase die Bewirtschaftungskosten bei der Investition mit berücksichtigt werden sollten und verschiedene Varianten zu beleuchten sind.

Hierbei können die Ansätze des Facility Management unterstützen. Dies soll anhand des Beispiels der Fassade eines Gebäudes verdeutlicht werden. Der planerische Ansatz beinhaltet zum Beispiel die Entwurfszeichnung, der technische Ansatz legt die technische Ausführbarkeit für die Phase der Herstellung dar. Der infrastrukturelle Ansatz wird unter anderem die Reinigung während der Nutzungsphase beinhalten. Der betriebswirtschaftliche Ansatz wird die Kosten der Fassade und die ökonomisch vertretbaren Folgekosten für die Fassade, wie z.B. Reinigung oder neuer Anstrich, vergleichen.

Die verschiedenen Nutzerinteressen müssen hinsichtlich der vereinbarten Standards mit hoher Qualität der Leistung zu angemessenen Preisen in kurzer Zeit gewahrt bleiben. Ohne Controlling wäre Facility Management nicht möglich. Der gesamte Lebenszyklus wird vom Controlling bestimmt. Dieser beginnt bei der Ermittlung und Entwicklung des Bedarfes, über Planung zur Realisierung und Inbetriebnahme sowie ggf. Rückbau (Entstehungsphase -> Nutzungsphase -> Verwertungsphase).

Ohne Controlling könnte man nur auf Vorfälle im Gebäude reagieren, anstatt zu agieren.

3 Praktische Umsetzung

3.1 Optimierungsmöglichkeiten von Nutzungskosten

Im Teil 2.2 - Facility Management als ganzheitlicher Ansatz - wurde belegt, dass die Nutzungskosten bzgl. der Optimierungsmöglichkeiten bedeutender sind als die Investitionskosten.

Zu den kaum beeinflussbaren Nutzungskosten von Schulen im Landkreis ███ zählen die Kapitalkosten, die Abschreibungen, die Versicherungsprämien und die Steuern.

Die beeinflussbaren Nutzungskosten sind die Betriebskosten.

Gebäudebetriebskosten vorl. Ergebnis 2017 aus dem HH-Plan 2019 des LK- ███		€	%
Energiekosten	Strom	953.868,89	~ 44
	Gas	632.698,87	
	Fernwärme	377.503,60	
	Heizöl	9.734,96	
	Wasser /AW	217.203,00	
		2.191.009,32	
Reinigung	Straßenreinigung	18.209,13	~ 29
	Gebäudereinigung	1.321.410,43	
	Reinigungsmittel	29.574,93	
	Reinigungsgeräte	8.368,23	
	Glas- und Rahmenr.	42.255,76	
		1.419818.48	
Grünpflege		350.141,87	~ 7
Sonst. Dienstleistungen		796.941,34	~ 16
Ver- und Entsorgung	Abfallbeseitigung	196.172.57	~ 4

Tabelle 1

Mit der obigen Darstellung wird erkennbar wie sich die Betriebskosten für die Schulen des Landkreises ███ zusammensetzen. Die höchsten Kosten stellen die Energiekosten dar. Die geringste Kostenposition bildet die Ver- und Entsorgung.

3.2   ABC-Analyse

Die ABC-Analyse dient als Hilfsmittel zur Optimierung von Materialwirtschaftlichen Prozessen. Dieses Analyseverfahren ermöglicht es, grafisch und rechnerisch die wenigen wichtigen kostenbestimmenden Elemente einer Kosten- oder Wirtschaftlichkeitsberechnung von den vielen unwesentlichen Positionen zu trennen.

In der nachfolgenden Tabelle werden die bereits ermittelten Prozentwerte zur Mengen- Wert- Verteilung angehäuft.

Gebäudebe- triebskosten vorl. Ergebnis 2017 aus dem HH-Plan 2019 des LK ███		€	%	% kumuliert
Energiekosten	Strom	953.868,89	~ 44	~ 44
	Gas	632.698,87		
	Fernwärme	377.503,60		
	Heizöl	9.734,96		
	Wasser /AW	217.203,00		
		2.191.009.32		
Reinigung	Straßenreinigung	18.209,13	~ 29	~ 73
	Gebäudereinigung	1.321.410,43		
	Reinigungsmittel	29.574,93		
	Reinigungsgeräte	8.368,23		
	Glas- und Rahmenr.	42.255,76		
		1.419818.48		
Grünpflege		350.141.87	~ 7	~ 80
Sonst. Dienst- leistungen		796.941.34	~ 16	~ 96
Ver- und Entsor- gung	Abfallbeseitigung	196.172.57	~ 4	~ 100

Tabelle 2

Bei der ABC-Analyse werden 3 Klassen (A, B, C) gebildet, wobei sich in der Regel zeigt, dass ein verhältnismäßig großer Wert - oder Kostenanteil auf einen geringen Mengenanteil entfällt (A - Positionen)

Die C-Position bilden die Wert- und Kostenanteile, auf die ein relativ großer Mengenanteil entfällt. Ein verhältnismäßig ausgeglichenes Mengen- Wert- Verhältnis weisen die B-Positionen auf. Grundlage der ABC-Analyse ist die Mengen- Wert- Verteilung.

Dies soll im Folgenden anhand der Gebäudebetriebskosten der Schulen des Landkreis ▮▮▮grafisch dargestellt werden.

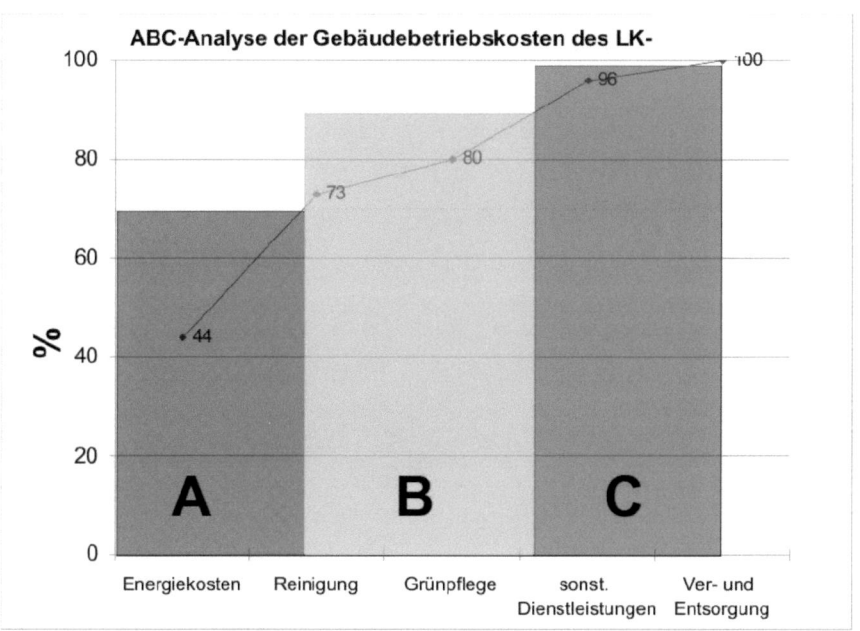

In der Grafik - ABC-Analyse der Gebäudebetriebskosten des LK▮▮▮- auf der nachfolgenden Seite wird deutlich, dass nur ein kleiner Teil der Betriebsgruppen den größten Teil der Betriebskosten ausmachen. Das sind die Energiekosten. Die Grafik verdeutlicht, dass die Energiekosten besonders wichtige Bausteine der A-Position sind. A-Positionen weisen meist einen Kosten- oder Wertanteil bis 70% auf.

Weniger bedeutsam, aber mengenmäßig mehr, sind die Elemente der B-Positionen, sowie die unbedeutenden Elemente der C-Positionen, welche jedoch den größten Mengenanteil haben. B-Positionen haben einen Kosten- und Wertanteil zwischen 70 und 90% und die C-Positionen über 90% der Gesamtkosten.

Als Ergebnis lässt sich festhalten, dass die Energiekosten und die Reinigungskosten die größten Optimierungsmöglichkeiten bieten.

Diese ABC-Analyse gibt ein Bild der IST-Situation wieder. Daraus müssen noch konkrete Handlungsanleitungen entwickelt werden. Als strategische Erkenntnis lässt sich festhalten das ein großes Potenzial an Optimierungsmöglichkeiten bei den Nutzungskosten besteht.

4   Zusammenfassung und Fazit

Die intelligente Nutzung der Ressource Immobilie beeinflusst das Ergebnis des Kerngeschäfts in der Zukunft erheblich.

Im Teil I dieser Arbeit wurde Facility Management mit seinen wichtigsten Punkten, Ganzheitlichkeit, Gesamtlebenszyklus, Gesamtprozessintegration, Wertschöpfungsprozess, Transparenz und übergeordnetem Managementansatz, vorgestellt. Der zunehmende Kostendruck mit einhergehender Konzentration der Unternehmen und der öffentlichen Verwaltungen auf ihre Kernkompetenzen, rücken das Facility Management in das Zentrum der Unternehmensstrategien.

Die Wandlung zur Dienstleistungsgesellschaft mit wachsenden Ansprüchen der Einwohner/innen und Nutzer erfordert eine Aufgabentrennung zwischen Primär- und Sekundärprozessen. Mit seinen serviceorientierten Dienstleistungen leistet Facility Management dazu einen wichtigen Beitrag.

In den Kapiteln des Kommunalen Facility Management wurden deren Besonderheiten analysiert, geeignete Lösungen erarbeitet und die vier Zieldimensionen in Kommunen: Mitarbeiter- und Kundenzufriedenheit, Auftragserfüllung und Wirtschaftlichkeit, betrachtet. Diese Ausführungen können als Basisüberlegungen bei der Einführung eines Facility Managementsystems dienen.

Der praktische Teil der Arbeit untersucht Optimierungsmöglichkeiten der Nutzungskosten am Beispiel von Schulen des Landkreises ███████ Im Gesamtlebenszyklus von Gebäuden können diese bis über 90 % der Gesamtausgaben verursachen. Die aus den Analysen abgeleiteten Kennzahlen und Informationen könnten für zukünftige energetische Investitionsentscheidungen innerhalb des Landkreises ███████ erangezogen werden.

Zur Bewältigung der immer komplexer werdenden Aufgaben und der steigenden Informationsflut ist es erforderlich modernste Führungs- und Informationssysteme, zur Entlastung der Mitarbeiter, einzusetzen.

Durch Facility Managements lassen sich in bester Weise Ökologie und Ökonomie miteinander verbinden. Der effizientere und effektivere Umgang mit Ressourcen aller Art, ermöglicht auf der einen Seite eine weitsichtige Wirtschaftlichkeit sowie verbesserte Zukunftsaussicht für die Unternehmen und Organisationen. Auf der anderen Seite ermöglicht er einen langfristigen und nachhaltigen Umweltschutz.

Literaturverzeichnis

[1] Studiengang Facility Management: Was ist Facility Management, URL:http://fm-studium.de/was-ist-facility-management/

[2] Normierung: DIN EN, 15221-1

[3] IFMA: IFMA, URL:https://www.ifma.org/